JN418892

하정완 시집

그러므로 너 사랑하라

사랑에 빠진 청년들에게
그러므로 너 사랑하라

지은이·하정완
꾸민이·성상건
편집디자인·자연DPS

펴낸날·2022년 02월 15일
2쇄 펴낸날·2022년 05월 24일
펴낸곳·도서출판 나눔사
주소·(우) 10270 경기도 고양시 덕양구 푸른마을로 15
301동 1505호
전화·02)359-3429 팩스 02)355-3429
등록번호·2-489호(1988년 2월 16일)
이메일·nanumsa@hanmail.net

ISBN 978-89-7027-936-7-03810

값 9,000원
잘못된 책은 바꾸어 드립니다.

하정완 시집

그러므로 너 사랑하리

하정완 | 지음

나눔사

—
서문

사랑만 할 것

사람이 사람을 사랑하는 것은 참 신비한 일이다. 전혀 준비도 되지 않았는데 어느 날 어디선가 바람처럼 쏜살같이 다가오기 때문이다.

쏜살같이 사랑이

스르륵
문이 열리더니

쏜살같이
사랑이 들어왔다

나가지 않는다
아예 자리를 폈다

그러므로 언제나 사랑할 때는 긴장해야 한다. 나를 잃어버릴 수도 있으니까. 정신 똑바로 차려야 한다. 하긴 그렇게 주의해도 소용이 없을지 모른다. 곧 나는 사라지고 그 사람만 선명 해지니까. 사랑이 시작된 것이다.

사람이 사람을 사랑하는 것

너만 선명해진다
나는 희미해지고

사랑하지 말라고 할 수도 없고

너만 살아있는다
나는 사라져버리고

사람이 사람을 사랑하는 것

내가 사라지고 너만 보여도 좋아진다. 이렇게 신비롭다. 그래서 사랑은 위험하다. 내가 사라지니까. 사람이 사람을 사랑하는 것의 댓가다. 그러므로 사랑하는 자는 사라질 것을 각오하고 사랑해야 한다. 바람을 따라 사라지거나 빗물에 흘러가거나 그리 할 각오를 해야 한다. 그러니까 사랑할 때는 정신차리고 사랑에 집중해야 한다.

사랑만 할 것

사랑 말고
다른 것들에게
기웃거리는 것은 옳지 않아

사랑은
사랑 외에 다른 것으로
포장할 때
추해지기도 하니까

사랑은
오로지 사랑으로만
사랑스러워지는 것

그러니 지금 사랑하고 있는 사람은
사랑만 할 것

서문을 쓰면서 꼭 밝히고 싶은 것이 있다. 좋아하시는 분들이 많겠지만 나도 좋아하는 시인들 중에 정호승 시인이 있다. 그리고 그가 쓴 시집 중에 '사랑하다가 죽어버려라'(창작과비평사, 1997)가 있는데 이 제목은 시집의 제목이지 시의 제목은 아니다. 그 시집에 있는 '그리운 부석사'란 시의 첫 싯구가 '사랑하다가 죽어버려라'다.

그런데 나는 그 싯구가 너무 좋았다. 사랑은 그렇게 해야 하는 것이 당연하니까. 그래서 어느 청년의 결혼식에 축시를 쓸 때 그 싯구를 제목으로 써서 준 적이 있다.

사랑하다가 죽어버려라

사람들은 사랑을 모른다
자기 마음대로 사랑하고
사랑한다고 말을 한다

너는 어찌되었던지
나만 사랑하고
사랑한다고 말을 한다
너는 무엇을 원하는지

너는 무엇이 되고 싶은지
물어보지도 않는다
그저 내가 원하는 것만
내 마음대로 네가 되는 것을
사랑이라고 말한다

사랑하다가 죽어야 하는데
너를 사랑하기 위해
내가 죽어야하는 것이
사랑인 것을 알지 못한다

나를 살리는 것은
사랑이 아닌 것을 알지 못한다
너를 살리는 것이 사랑인 것을 알지 못한다

그러므로 사랑하다가 죽어버려라

그리고 나는 이 시를 2005년에 쓴 결혼축하시집 '사랑이 나를 미치게 한다'(나눔사)에 실었다. 그런데 어느 날부터 이 시가 회자되었는데, 너무 많은 사람들이 이 시를 좋아한 것이 문제가 되었다. 사실 싯구 하나 정도 가져다가 시를 쓰는 경우는 흔한 일이지만 문제는 사람들이 정호승 시인의 시로 오해한 것이 문제였다. 그리고 시간이 흐르는 동안 이 시는 정호승의 시가 되었고 온통 여기 저기서 인용되어 마구 퍼져나갔다. 그러던 어느 날 정호승 시인이 당황스러운 일을 당한다. 시인을 초청한 여러 자리에서 사람들이 이 시를 읽은 것이다. 자신이 쓴 시가 아닌데 시인이 당황한 것은 당연한 일이었다.

이것 때문에 힘들어 하던 시인이 나에게 전화를 해왔다. 2021년의 일이다. 그 전화를 받고 나는 매우 미안한 마음이 들었다. 그리고 시의 제목을 바꾸기로 하였다. 그래서 이 시집 안에 '사랑하다가 사랑하다가'로 이름을 바꿔 실었다. 다시 한번 힘든 일을 겪은 정호승 시인에게 미안한 마음을 전한다.

더불어 내가 깨달은 것이 있다. 그것은 '사랑하다가 죽어버려라'는 싯구의 강력함이다. 정말 그렇게 사랑하고 싶은 열망이 모두에게 있다는 것을 알 수 있었다. 그것 때문에 그 시가 그토록 회자된 것이라 생각한다. 사실 나는 그 싯구의 힘에 묻어갔다고 봐도 틀리지 않다. 분명 정호승 시인이 그 싯구를 썼지만 그 싯구는 모든 사랑하는 사람들의 마음의 고백이라 해도 틀리지 않다. 이처럼 사랑은 강력하고 죽음같이 치명적인 것이 사실이다.

그러므로 이 시집을 쓴 이유는 죽음같이 강한 사랑에 빠진 청년들에게 사랑은 잘못이 아니며 그같이 사랑하는 것은 아름다운 것이라고 말하고 싶기 때문이다. 영광이라고 말하고 싶어서이다.

그게 사랑이거든

사랑을 하다가
나를 잃더라도
사랑을 하다가
잃는 것은 영광이지

그게 사랑이거든

꼭 청년들에게 이 얘기를 하고 싶다. 그러므로 이 책을 내가 사랑하는 그녀, 내 아내에게 그리고 견딜 수 없이 깊은 사랑에 빠져 사는 모든 청년들에게 바친다.

2022년을 열면서

하정완

목 차

2부
이런 병이라면

3부
간단한 요구

4부
그래서 큰 일이다

5부
그러므로 더 사랑하라

6부
사랑했으니까 됐다
-한 청년과의 시(詩) 대화

7부
한 청년의 이별 시집

1부

사랑하다

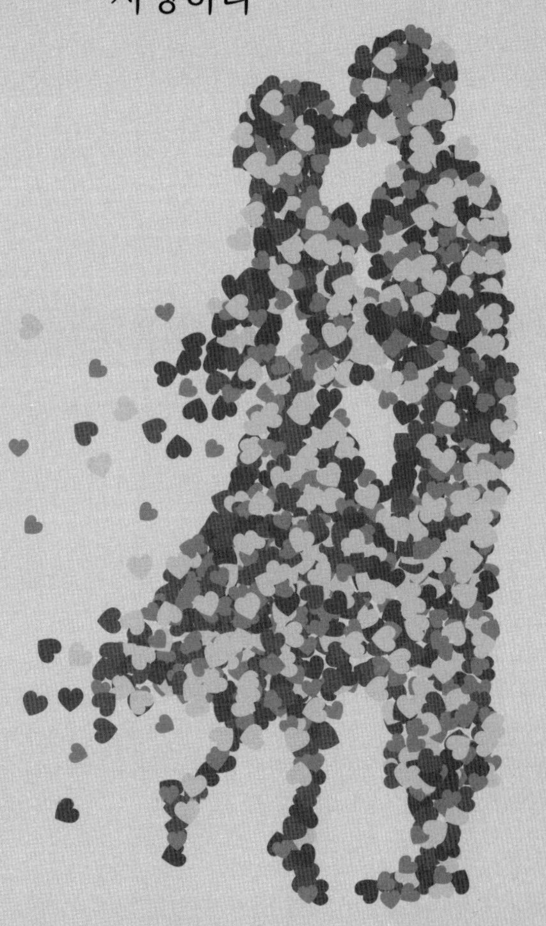

사람이 사람을 사랑하는 거

사람이 사람을 사랑하는 거

너만 선명해진다
나는 희미해지고

사랑하지 말라고 할 수도 없고

너만 살아있는다
나는 사라져버리고

사람이 사람을 사랑하는 거

너를 본 순간

너를 본 순간
내 가슴이 떨렸다

바다 위에 걸린 듯
하늘 밑에 놓인 듯

너의 숨소리가
나를 거칠게 만들었다

아무도 보지 말았으면
아무도 알지 않았으면

너를 두고
돌아서기가 힘들었다

이상한 일

안 보여도
보인다

안 들어도
들린다

안 만져도
느껴진다

이상한 일

사랑은 비 같아

비가 그렇다

가녀린 보슬비에도
젖고
짧은 소나기에도
젖는다
한 달 내내 장마비에만
젖는 것은 아니지

사랑이 그렇다

가벼워 보여도
젖고
갑작스러워 보여도
젖는다
오랫동안 보아야만
젖는 것은 아니지

그렇게
사랑은 비 같아

갑자기

갑자기 오는 것들
사랑
그리움
이런 것들

천천히 가는 것들
사랑
그리움
이런 것들

여전히 남는 것들
사랑
그리움
이런 것들

그러므로

-'갑자기'에 이어 쓴 시

그러므로
사랑이 머무는 동안
사랑할 것

사라지기 전에

그러므로
그리움이 머무는 동안
그리워할 것

사라지기 전에

살아있다는 것

살아있다는 것은
당신을 사랑하는 것

죽어있다는 것은
당신을 사랑할 수 없는 것

당신을 보는 것
내 눈이 존재하는 이유

당신을 듣는 것
내 귀가 존재하는 이유

당신을 만나는 것
내 손이 존재하는 이유

이것이 나,
내가 살아있다는 것

내 안에 있으니까

보지 않아도
사랑이 되고

만나지 않아도
사랑이 되지

보지 않아도
내 안에 있고

만나지 않아도
내 안에 있으니까

충분한 사랑

아침에 일어나
함께 밥을 먹는 것

국 한 그릇에
밥 한 그릇이면
충분하지

흐르는 꽃잎 같은
사람이 있고
그 향긋한 꽃 냄새가
사람들에게서 나오고

거기에 허기진 사랑까지
그러니 충분하지

충분하지

사랑은 아프다

사랑하니까
아프다

더 사랑하면
에리기까지 아프다

사랑은 그런 것

그걸 알면서도
사랑을 한다

사랑은 그런 것
이상한 것

그런 생각

사랑한다고
말을 하면
사랑이 올까

그런 생각을 했다

더 많이 사랑한다고
말을 하면
더 많은 사랑이 올까

그런 생각을 했다

죽도록 사랑한다고
말을 하면
죽음 같은 사랑이 올까

그런 생각을 했다
그런 생각만 한다

사랑하는 이유

어디에도 없다
너는 없다

어디에 있겠지
수없이 두리번거렸지만
너는 없다

비슷해보였을 뿐
너는 없다

이 세상에 있는 동안
매일 서성대는 이유
너는 너 뿐이니까
어디에도 없으니까

그래서 너를 사랑한다

가장 쉬운 일

사랑하니까
사랑한다고

그리우니까
그리워한다고

말하며 사는 것
얼마나 좋은가

그러니까
사랑한다고
그립다고
말하며 살면 되는 것

가장 쉬운 일

용기가 필요하다

사랑은 용기가 필요하다

내가 너를 사랑하는 것보다
그가 나를 덜 사랑할지라도
내가 사랑해야 하니까

어쩌면
혼자 그리워해야 하고
혼자 사랑해야 할지도 모르니까

사랑은 용기가 필요하다

어쩌면
사랑하다 상사병에 걸리기도 하고
심지어 죽어야 할지도 모르니까

사랑은 용기가 필요하다

2부

이런 병이라면

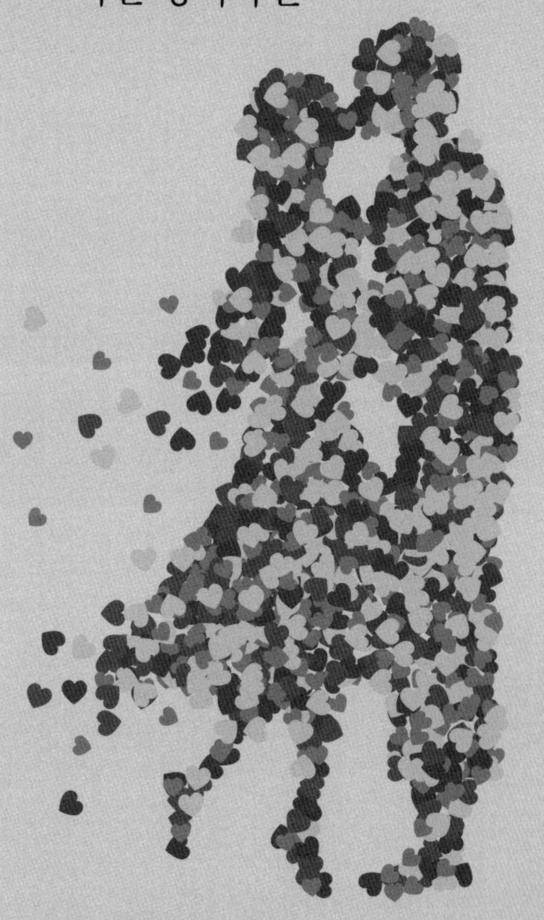

당신이 계시니까

외로우냐
외롭지 않다

힘드냐
힘들지 않다

사랑하니까
그리워하니까
당신이 계시니까

당신

어디를 가도
어디를 가는 게 아니다
어디를 가지 않아도
어디를 가지 않는 게 아니다

어디를 가든
어디를 가지 않든
당신은 거기 계시니

이미 당신은 나
나는 당신이니

어디를 가든
어디를 가지 않든

너를 사랑하니까

네가 무엇을 보든지
너는 아름답다

네가 무엇을 생각하든지
너는 아름답다

네가 무엇을 꿈꾸든지
너는 아름답다

네가 무엇을 하든지
너는 아름답다

내가 사랑하니까
내가 너를 사랑하니까

이것이 나

내가 늘 먹는 것
당신의 호흡

내가 늘 듣는 것
당신의 속삭임

내가 늘 보는 것
당신의 마음

내가 늘 만지는 것
당신의 가슴

내가 늘 하는 것
당신을 그리워하는 것

그리고 내가 늘 꿈꾸는 것
당신

이것이 나

너라서 예쁘다

멀리서 보아도 예쁘고
가까이서 보아도 예쁘다

너라서 예쁘다

웃어도 예쁘고
울어도 예쁘다

너라서 예쁘다

우울할 때도 예쁘고
활기찰 때도 예쁘다

너라서 예쁘다

예쁘지 않을 때가 없다
항상 예쁘다

생각만 해도 예쁘다

너라서 예쁘다

너

숨소리가 들리는구나
내 귀에 속삭이는
네 입술이 느껴지는구나

희미하게
세상은 보여도
너를 보는 내 눈의 시력은
아직 또렷하기만 하다

눈으로 너를 보고
귀로 너를 듣고
손으로 너를 느끼고

그렇게 내 앞에 있구나
나를 보고 있구나

너는

싱싱하다
시원하다
상큼하다
맑다
순전하다
아름답다
견딜 수 없다
기막히다
사랑스럽다
반짝인다
깨끗하다
흔들린다
소리 없다
바람이 분다
오로곳하다
·
·
·
그리고 숨 막힌다
죽을 것 같다

너는 너니까

너는
너니까
아름답고
너니까
황홀하다
까닭없이
너는
너이므로
숨 막히게 한다
너는
너니까

다른 이유는 없다

너를 만나니까

아침이 설레인다
가슴이 뛰기 시작한다

너를 만나니까

너의 빛나는 눈동자와
너의 숨 쉬는 세상
그 아름다움을 만나니까

눈을 뜨자마자
소리를 질렀다

'아침이다!'

너를 만나니까

내 눈이 멀어도

너를 만나다니
그것이 좋다

네 아름다움에
내 눈이 멀지도 모르지만
너를 봤음으로
내 눈이 멀어도 좋다

어차피
눈을 감아도
네가 보일테니

사랑이니까

'삶은 잠이고
사랑은 그 꿈'이라고
어느 시인이 말했지

그래서 사는 동안
잠을 자는 것 같았고
너를 만나면
꿈꾸는 것 같았던 거지

나중에야 알았어
이 사실을

갑자기 잠이 오네
삶이니까
잠이 오면 너를 꿈꾸겠지
사랑이니까

*어느 시인은 알프레드 드 뮈세를 말합니다

네가 곁에 있다면

어디로 가든
함께 하고 있다면
괜찮지

어디로 가는지를 알면
더 좋은 일이지만

무작정 길을 나섰을지라도
함께 하고 있다면
견딜만하지

어디로 가든

네가 곁에 있다면
그렇지

갈망

더 깊게
더 깊이 알고 싶다

목소리의 맛도 알고
숨소리의 냄새도 알고 싶다

그 걸음의 방향도 알고
머무는 자리도 알고 싶다

모든 것
당신의 모든 것
다 알고 싶다

마음이 마음에게 2

바람에 기대보기
무거운 거, 딱딱한 거
살짝 내려놓기

해지는 거 바라보기
후래쉬 같은 거, 형광등 같은 거에
흔들리지 않기

땅을 밟으며 걸어보기
아스팔트 같은 거, 시멘트 같은 거
즐기지 않기

근사한 커피 마시기
인스탄트 한 거, 대충 마시는 거
거들떠 보지 않기

그리고

당신만 바라보기
그리워하는 거, 사랑하는 거
만끽하기

*손명찬 시인의 '마음이 마음에게'를 읽고 썼다

마음이 마음에게 3

아프지 말기
가슴에 있는 거, 속상한 거
조심스레 내려놓기

울지도 말기
아름다운 거, 행복한 거
마구 생각하기

사랑만 기억하기
미운 거, 어두운 거
발로 뻥 차버리기

바람에 흔들려보기
뻣뻣한 거, 견고한 거
내려놓고 하늘거리기

그리고

아직 남은 거 생각하기
거기 있는 거, 그리워하는 거
혼자 즐기기

너무 짧다

당신을 사랑하기에는
하루가 너무 짧다

아침에 일어나
당신을 노래하기에는
아침이 너무 짧고

밤을 새우며
당신을 그리워하기에도
밤은 너무 짧다

하루 종일 당신을 바라보다가
이내 하루가 지나가는
하루가 너무 짧다

당신을 사랑하다가
죽도록 사랑하여도
시간이 모자랄 것 같다

너무 짧다
너무 짧다

이런 병이라면

사랑함으로
생긴 병이라면
치료약이 없다 한다

하긴
치료약이 있더라도
치료할 계획도 없다

계속 아파도 괜찮다
이런 병이라면

죽도록 아프고
그러다 죽더라도
그냥 아프고 싶다
이런 병이라면

부족하기에

사랑한다는 말로는
부족하다
사랑을 말하기에는

그립다는 말로는
부족하다
그리움을 말하기에는

그래서 이렇게 말한다
죽도록 사랑한다
미치도록 그립다

3부

간단한 요구

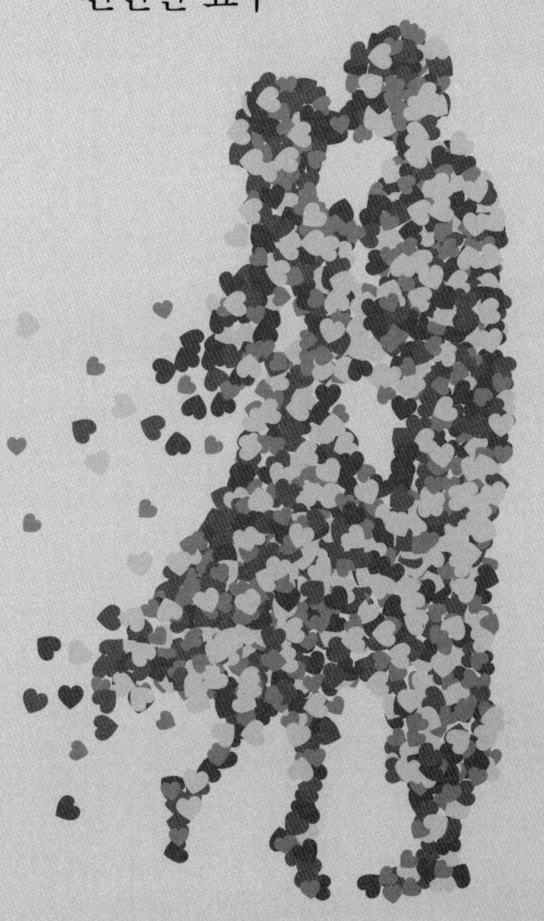

사랑이란

사랑이란
말하는 것이 아니지
그냥 사는 거지

'나 사랑해?'
물을 필요도 없지
사랑하니까

'태양이 빛을 비출까'
물어보지 않듯이
그냥 비추는 것이지

사랑이란 그런 거지
그냥 사랑하는 거지

말할 필요도 없어
그냥 옆에 있는 거지
보이지 않아도 있는 거지

거기서 늘 바라보는 거지

사랑이란 그런 거지

사랑하기에는

사랑하기에는
오늘이 다가기 전
모든 것이 끝나기 전이
좋다

아직 바람이 불고
별이 흔들릴 때가
좋다

약간의 배고픔이 남아
간절함과 그리움이
꼬르륵 거릴 때가
좋다

살짝 사랑을 하는 것

살짝 비가 왔다
이런 방식
의외로 괜찮다

설레임과 같은 방식이어서
마음을 살짝 만지고 간다

이렇게도 사랑이 가능하다고
말하는 것 같다

우린 너무 소낙비에 길들여진 것 같다
그래야 비라고 느끼듯이
우린 사랑도 너무 정신없었던 것 같다

살짝 비가 온 것처럼
살짝 사랑을 하는 것
좋다

옷이 젖지도 않은 채
마음이 젖지도 않은 채
사랑할 수 있으니까

그런데 가능할까

간단한 요구

나와 있을 땐
나만 생각하고

나와 사랑할 땐
나만 사랑하고

나와 걸을 땐
나만 느끼고

나와 얘기할 땐
나만 바라보고

다른 것들은 다 버리고
다른 것들은 다 잊고
다른 것들은 다 무시하고

이것만 있으면 되니
다른 것은 요구 안 할테니

내가 원하는 것

전화를 받을 것
받지 못할 땐 흔적이라도

문자를 받으면
늦게라도 답장을

보고 싶다고
가끔 표현할 것

만나고 싶다고 말하면
세 번 이상 거절하지 말 것

보고싶다
사랑한다
그냥 편하게 얘기할 것

내가 원하는 것의 전부

바람이 분다

그 바람에 흔들리는
내가 좋다

저 멀리서 누군가 본다
나의 흔들리는 모습을

그러든 말든
바람이 흔드는 것이니

세상 모두가 안다 해도
나는 좋다

아침 공기

아침 공기가
마음으로 들어왔다

그 공기에
당신이 섞여 있나보다
숨이 턱 막히는 걸 보니

그래도 좋다
당신이니까
당신이 계신 거니까

밥 먹고 싶다

아무 말 없어도
좋다

밥을 먹는 것만으로도
좋다

네가 지어준 밥이 아니라도
함께 있는 것만으로
좋다

네가 먹는 것을 보며
내가 먹으며

그렇게
밥 먹고 싶다

아침 식사

아침에 일어나
함께 밥을 먹는 것

국 한 그릇에
밥 한 그릇이면
충분하지

흐르는 꽃잎 같은
사람이 있고
그 향긋한 꽃 냄새가
사람에게서 나오고

거기에 허기진 사랑까지
그러니 충분하지

충분하지

저녁 안부

오늘 잘 지냈어?
재미있었고?

밥은 잘 먹었어?
꼬박 꼬박 거르지 말아야 하는데

아프지 말아야지
힘들지도 말아야 하고

네가 보고 싶었다
보면서도 보고 싶었다

정말 오늘 잘 지냈어?

있는 그대로

돌려서 말하지 않아도 돼

사랑한다고 말해
그립다고 말해

그것도 말할 수 없다면
그게 무슨 사랑이겠어

있는 그대로 말해
너를 감추지 않아도 돼
최소한 나에겐 그래도 돼

알았지

얼마나 좋은가

어디론가
같이 걸어갈 사람
얼마나 좋은가

'그냥 나와' 하면
'어딜 가는데' 묻지 않고
말없이 길을 나서는 사람
얼마나 좋은가

그냥 집에서 입던 그대로
읽던 책을 든 채로
커피를 손에 잡은 채로
어디든지 떠날 수 있는 사람
얼마나 좋은가

바람에 의지해서 걷다가
서로 의지해서 걷는 사람
얼마나 좋은가

어느 날 옆에 있는 듯
그러다 노을로 사라진 듯
있는 듯 없는 사람
얼마나 좋은가

영원한 것들

사소한 것들
같은 공간에서
같이 존재했던 것
같이 말을 하고
같이 호흡했던 것

사소한 것들
다른 기억은 없다
이 세상이 끝나면
가지고 갈 기억
이처럼 사소한 것들

사소한 것들
그러고 보니 영원한 것들

질문

오늘이 다 가기 전
사랑이 충분했는지
묻고 싶다

단 한 순간도 잊지 않은 채
살았는지
그리워했는지
묻고 싶다

너,
그렇게 했니?

4부

그래서 큰 일이다

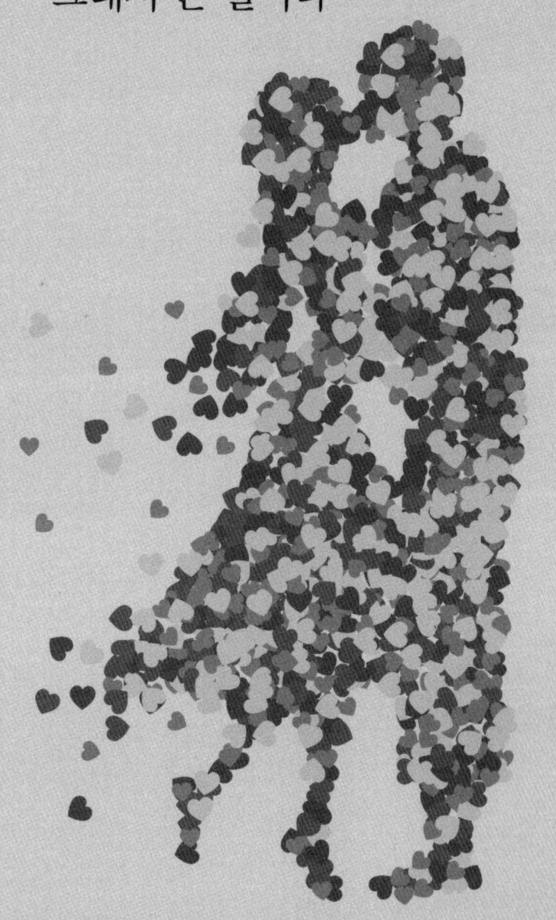

고통

안 보여도
보인다

안 들어도
들린다

안 만져도
느껴진다

그래서 아프다

너를 보니

너를 보니
네가 더 보고 싶다

너를 만나니
너를 더 만나고 싶다

너를 사랑하니
너를 더 사랑하고 싶다

순간

너를 보는 순간
숨이 콱 막혔다

아무 말도 꺼낼 수 없었다
이상한 소리만 나왔다

내가 아니었다
나를 잃어버렸다

그렇게 너를 볼 때마다
나는 나를 잃는다

사랑 비

비가 온다
멈추지 않는다

무심코 나섰다가
비에 젖었다
심장까지 젖었다

자포자기 상태
아예 비로 가득 찼다

큰 일

아침
눈을 떴을 때
생각나는 사람이 있다면

점심
근사한 밥을 먹을 때
그 사람이 여전히 거기 있다면

저녁
집으로 돌아가는 길
마음 안으로 그 사람이 들어온다면

밤
잠을 잘 수 없어 뒤척이는 것
그 사람이 만든 것이라면

그러다 꿈에까지 나타난다면
큰 일 난 것이다

큰 일 난 것이다

위험한 것

사랑이 끝난 것은
모든 것이 끝난 것

사랑을 시작하는 것은
새로운 세상을 만나는 것

지금 사랑을 하는 것은
구름 위를 걷는 것

그것으로 모든 것
그래서 위험한 것
그래서 쾌락인 것

사랑이 아닌 것

멀리 하고
멀리 하고
멀리 하면
멀어지는 것

그것은
사랑이 아니다

사랑이 아닌 것 2

지우고
지우고
지우니까
지워지드냐

그것 역시
사랑이 아니다

사랑인 것

지우고
지우고
지우다가
나도 지워지는 것

그것이
사랑이다

사랑인 것 2

버리고
버리고
버리다가
내가 버림받는 것

그것이
사랑이다

가장 큰 문제

사랑이 사람을 살린다
시들던 심장이 숨쉬고
아이처럼 뛰게 한다

사랑이 하는 일이다
사랑이 생명이다

그런데 문제가 있다
아무런 사랑이나 되지 않으니
그것이 문제이다

모든 사랑이 되는 것이 아니어서
그것이 문제이다

너만 되는 것
그것이 가장 큰 문제다

사랑이 쉬운가

사랑이 쉬운가

언제든 내가 원하면
사랑이 되는가

봄이면 지천에 가득한
개나리 같은가

개나리도 겨울을 지나고
죽어 있다가 꽃이 된 것을

사랑이 쉬운가

개나리처럼 겨울을 지나고
죽어있기를 몇 번 반복하다
비로소 사랑이 된 것

사랑이 쉬운가

나를 만든 것

보지 않았으면
알지 않았으면
괜찮았을까

그랬을지도 모르지
그랬다면
지금의 내가 되었을까

보았으니까
알았으니까
너무 힘들지라도

내가 된 거지
나를 만든 것이지
그렇지

사랑만 하였으니

사랑으로
사랑이 깊어지지

다른 생각
할 틈도 없이
사랑만 하다보면

아예
빈틈도 없이
사랑만 가득해지지
사랑만 하였으니

사람들이
'사랑스러워요'라고
그렇게 말하겠지

사랑이 가득해진 것
사랑만 보이니까

당연하지

사랑만 하였으니
사랑밖에 없으니

방법이 없다

배가 고픈 것은
참을 수 있지만

마음이 고픈 것은
어찌해 볼 도리가 없다

사랑을 먹어야
고픈 것이 채워지는데
그것 역시
마음대로 할 수가 없다

너의 입술에 묻은 사랑을
그리움으로만 먹어야 하니까

그러니 방법이 없다

당신을 사랑할수록

당신을 사랑할수록
나는 외롭다
그래서
당신을 사랑하지 않는다

당신을 사랑하지 않아도
나는 여전히 외롭다
그래서
당신을 사랑한다

당신을 사랑해도
외롭고
당신을 사랑하지 않아도
외롭고

당신을 사랑하면서
당신을 사랑하지 않는 이유

사랑해요

당신이 어떻게 생각하든 상관 없어요
난 사랑할거에요
사랑할 수 없다면
난 죽는 것이나 마찬가지니까

당신이 없다는 것은 생각도 못해요
당신 없이는 모든 것이 사라지는 것

당신이 내 곁에 있기만 한다면
모든 걸 다 가져가도 괜찮아요
다시 커피를 마실 수 없어도 괜찮고
저 장미꽃을 볼 수 없어도 괜찮아요

필요하시다면
봄
여름
가을
겨울

다 가져가도 괜찮아요

당신만 있으면
당신만 사랑할 수 있다면

이미 봄은 왔어요
당신을 사랑할 수 있으니 괜찮아요
모든 것이 괜찮아요
사랑해요

공부

사랑하므로 병이 나다
어김없이

그때 어찌할 수 없지
기다리는 수 밖에

기다리며
그리워하는 수 밖에

그렇게
기다림을 배우고
그리움을 배운다

그리움은 죄 같은 것이어서

그리움은
죄 같은 것이어서
잊을 수 없게 한다

달이 뜨는 보름에는
더욱 깊어지고
어김없이 그리워한다

천형처럼 몸에 새겨진
그리움이란 죄는
도무지 벗겨낼 방법이 없다

내가 스스로 감옥에 들어가
죄인임을 고백하는 이유이다

그리움은
죄 같은 것이어서

5부

그러므로 더 사랑하라

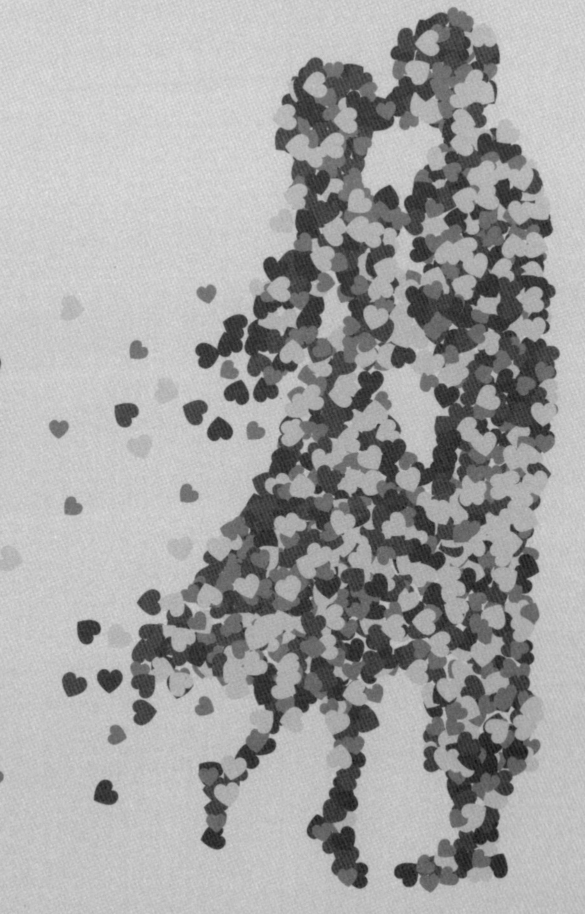

살아있으니

살아있으니
사랑하는 거지

죽어있으면
사랑이 되겠어

그러니 사랑이 사라지면
죽은 것과 같아

아직 사랑이 있으면
죽을만큼 힘들어도 괜찮은 거지

살아있는 거니까

사랑이 사라지면

사랑이 사라지면
끝난 것이다

이미 죽은 것이다

설레임도 없고
그리움도 없고

아침은
어두운 밤과 같고
밤은
오지 않는 아침 같을 뿐

사랑이 사라지면
다 끝난 것이다

사랑을 허비하라

사랑하라
마음껏 사랑하라

사랑에 청춘을 허비한
그 분처럼
사랑할 수는 없어도

한 사람이라도
사랑하라
허비하라

더 사랑하는 이유

그리워할수록
그리움이 더 깊어지니
사랑할수록
사랑도 더 깊어지겠지

내가 더 사랑하는 이유

너를 사랑한다

어디를 향하든
너를 사랑한다

네가 보는 것을
사랑하고
네가 생각하는 것을
사랑한다

너를
사랑한다

한 번 뿐이니까

두 번은 없다

인생도 그러하지만
사랑도 그러하다

다시 할 수 있을 것 같을 뿐
두 번은 없다

그러니 죽도록 사랑하고
마지막처럼 사랑해야 한다

그래도 잘 할 수 있을지
모르는 일

두 번은 없으니까
한 번 뿐이니까

사랑해야 한다

사랑하고 사랑해도
모자라다

시간이 없다

사랑할 마음이 남아있는 동안에
사랑할 힘이 남아있는 동안에
사랑해야 한다

사랑이 사라질지도 모른다
마른 막대기같이 될지도 모른다

그러므로
사랑해야 한다
사랑이 사라질지도 모르니까

조급함이 생긴다
시간이 없다

조금 후면 늦다

조금 후면 늦다

사랑하기에도 늦고
미워하기에도 늦다

그렇게 할만한 힘이 없어지겠지

사랑하고 싶지도 않아지고
미워하고 싶지도 않아지고
그렇게 할 날이 곧 오겠지

그러니 사랑할 수 있을 때
더욱 사랑해야 하지 않는가

그렇지 않은가

지나쳐야 사랑이지

사랑이 지나치면
사랑이 아니라고 말한다

엉터리 같은 소리

지나치지 않고
사랑이 가능하던가
미치지 않고
사랑이 가능하던가

밤새도록 잠을 못 이루고
낮에도 밤처럼 몽롱한
그렇게 정신없는 사랑
지나친 것이지만
그렇지 않을 수 있던가

사랑은 지나쳐야
사랑이지

그렇지

제대로 된 소리

더 사랑하면 된다

더 사랑하면 된다

이해가 안 되어도
더 사랑하면 되고
정말 답답할 때에도
더 사랑하면 된다

안개처럼 흐릿하여도
더 사랑하면 되고
어둠 속으로 걸어갈 때에도
더 사랑하면 된다

혼자만 있는 것 같아도
더 사랑하면 되고
너무 억울한 것 같아도
더 사랑하면 된다

내 사랑이 억울해 보일수록

더 사랑하면 된다
더욱 더 사랑하면 된다

오늘 사랑하라

내일 죽을 것처럼
오늘 사랑하고

내일 없는 것처럼
오늘 사랑하라

메마른 나무처럼
모든 것이 사라지기 전에
오늘 사랑하라
죽도록

진하게 입맞춤하라
오늘 사랑하라

너는 죽도록 사랑하여라

마지막일지도 몰라
그러니 너는 죽도록 사랑하여라

사랑은
사랑할 때만
사랑이기 때문이지

곧…
정신이 들면
꿈에서 깨어나면
그런 사랑은 더 이상 힘들테니까

사랑이 대단해 보여도
사랑은 그래
너를 죽일 것처럼 힘들게 하여도
말이지

곧 끝날지 몰라

폭풍은커녕
풀잎 하나 흔들만한
바람의 무게도 되지 않을지도 몰라

그러니 사랑하고 있다면
너는 죽도록 사랑하여라
지금 사랑하고 있는 것만
사랑이니까

그것은 사랑이 아니다

사랑한다고 말하지만
사람들은 사랑을 모른다
그래서 이별을 쉽게 한다

사랑을 안다면
사랑만 할 테니까

사랑한다는 것
얼마나 다행한 일인지 알 테니까

사랑을 모르니까
이별을 하고
또 누군가를 만난다

잡것들
사랑한다고 말한다

그것은 사랑이 아니다

사랑은 이별할 수 없다
사랑하니까

사랑하다가 사랑하다가

사람들은 사랑을 모른다
자기 마음대로 사랑하고
사랑한다고 말을 한다

너는 어찌되었던지
나만 사랑하고
사랑한다고 말을 한다
너는 무엇을 원하는지
너는 무엇이 되고 싶은지
물어보지도 않는다
그저 내가 원하는 것만
내 마음대로 네가 되는 것을
사랑이라고 말한다

사랑하다가 죽어야 하는데
너를 사랑하기 위해
내가 죽어야하는 것이
사랑인 것을 알지 못한다

나를 살리는 것은
사랑이 아닌 것을 알지 못한다
너를 살리는 것이 사랑인 것을 알지 못한다

그러므로 사랑하다가 죽어버려라

6부

사랑했으니까 됐다

-한 청년과의 시(詩) 대화

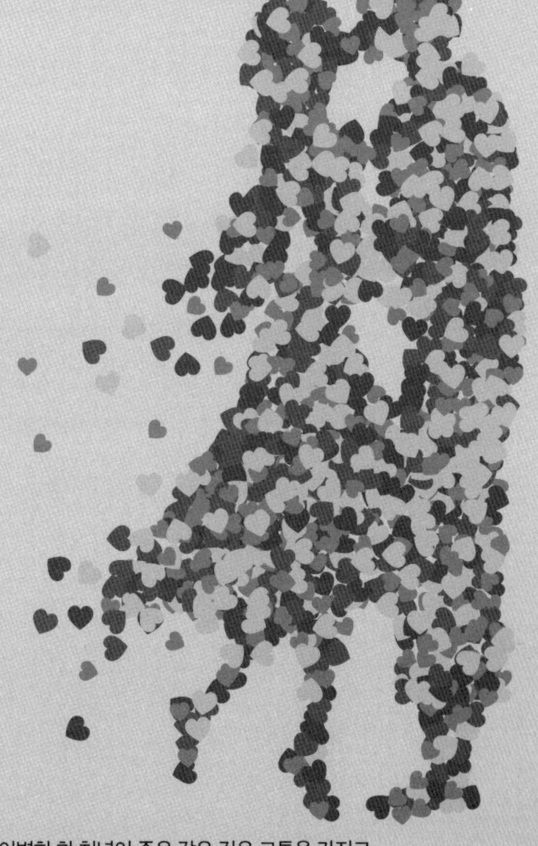

이별한 한 청년이 죽음 같은 깊은 고통을 가지고
나를 찾아왔을 때 나눈 짧은 시 대화이다.

사랑했으니까 됐다
-한 청년과의 시 대화

한 청년이 나를 찾아왔다. 눈은 시뻘겋게 충혈되어 있었다. 저녁, 그가 사랑했던 여인으로부터 이별 통보를 받은 후 견딜 수 없었던 시간들을 오롯이 홀로 보내고 나를 찾아온 것이다.

그가 내게 내민 것은 이별 통보를 받은 그 저녁부터 밤과 새벽 그리고 아침을 지나 나를 찾아온 그때까지 하루를 꼬박 고통하며 쓴 시들이었다. 하룻동안 천년같은 고통을 쓴 시들이었다. 시는 살아 움직이고 있었고 심지어 그 시에는 죽음과 사랑이 한껏 묻어 있음을 읽자마자 쳐들어왔다. 그가 내민 시였다.

죽을 것 같습니다

그립다가
미워지고
미워지다
그리워지고

지금 정신이 없습니다

정신을 잃은 채
집 밖으로 나서려 합니다
그녀에게로 가려 합니다

'어떻게 하려는데' 라고 물으면
다시 그 자리에 섭니다

미쳤습니다
정신이 없습니다

이렇게 힘든 줄 몰랐습니다
죽을 것 같습니다

아름다웠다. 맨 살에 칼을 댄 것 같은 사랑이라는 고통을 얼마나 오랜만에 본 것인지 읽는 순간 내 심장은 눈물을 흘리고 있었다. 나는 그에게 그게 사랑이라고 말해주었다. 그런데 그 청년은 자꾸 자신의 사랑이 쓸모없고 하찮게 느껴진다고 고통하고 있었다.

나는 '아니라고, 절대 아니라고' 말해주었다. '너의 사랑은 아름다운 것이고, 그렇게 사랑했다'는 것은 아무나 할 수 있는 사랑이 아니라고 말해주었다. 죽도록 사랑하는 것은 아무나 할 수 있는 것이 아니라고 '고맙다'고 말해주었다. 내가 건넨 시다.

네가 사랑했다는 것

네가 사랑한 것은
쓸모없는 일이 아니었다

네가 그토록 사랑한 것은
하찮은 일도 아니었다

네가 사랑한 이유는
네가 사랑이기 때문이다

네가 죽도록 사랑한 이유는
네가 사랑이기 때문이다

사람들은 중요하지 않다
어떻게 보는지도 중요하지 않다
그들이 모르는 것도 중요하지 않다

새들이 노래하듯이
봄날에 꽃이 피듯이
네 사랑이 중요하다

네가 이 세상에 사는 동안
네가 사랑했다는 것
그것만이 중요하다

그 청년은 나의 시를 읽는 동안 이해한 듯 보였으면서도 금새 얼굴이 무거워졌다. '저는 지금 사랑했다로 끝낼 수 없습니다. 사랑하는 것은 현재 진행형입니다.'

그것이 힘든 이유였다. 현상적으로는 이미 끝났는데 아직도 이 청년은 여전히 사랑하고 있으니 힘든 것이었다. 박수치며 보내고 싶은데 그렇지 못한 자신이 너무 밉다는 뜻이었다. 그가 내린 결론이었다.

결론

난 널 떠나지도 않는다
난 널 보내지도 않는다

너는 내 곁에 있는 채로

자유하고
나는 네 곁에 있는 채로
자유한다

눈이 시뻘겋게 충혈되도록
밤을 지나 만난 아침의 결론

나는 그에게 '보내지 말라'고 얘기했다. 그녀가 비록 너를 떠나갔을지라도 '너는 보내지 않아도 된다'고 말했다. 그것은 누구도 빼앗을 수 없는 사랑이라고 말해주었다.

봄을 사랑할 때
봄이 동의 했는가

들꽃을 사랑할 때
들꽃이 동의 했는가

그 사랑이 마음에 짙게 남아있는 채로 아름다운 기억이 되어도 괜찮다고 말했다. 그리고 어느 날 그 기억이 슬그머니 저 뒤편으로 갈 때에도 미워하지 말고 사랑하라고 얘기했다. 그것이 '네가 내릴 결론'이라고 얘기해주었다.

네 것

보내지 마라
그것은 네 것
누구도 빼앗지 못하는
네 것

마음 한 구석에
가만히 두어도 된다
유년의 기억처럼
어머니의 젖가슴처럼
물고 있어도 된다

그것은 네 것
누구도 빼앗을 수 없는
네 것

그리고 그 청년은 떠났지만 그의 사랑은 내 마음에 진하게 남았다. 아직도 그렇게 사랑하는 이가 있다는 것이 나를 설레게 하였다. 지금 그는 아프지만 그가 사랑했던 것 때문에 아름다운 기억으로 남을 것이다. 그러므로 사랑하는 모든 이들에게 이런 글을 남기고 싶다.

아름다운 사랑을 만나거든

사는 동안에
아름다운 사랑을 만나거든
절대로 놓치지 말아야 한다

가난할지라도
뭔가 부족하더라도
불합리해보여도
절대로 놓치지 말아야 한다

한 번 밖에 없는 세상이니까
다시 오지 않는 사랑일지도 모르니까

인생을 다 보낸 후
어느 날 옛날을 돌아보며
'그때가 좋았었지' 라고 누군가 말할 때
'나는 아직도 사랑하지'라고 말할 수 있도록
절대로 놓치지 말아야 한다

어느 날
어쩔 수 없이 내려놓아야 하는 순간에도
절대로 놓치 말아야 한다

사랑이니까
사랑은 쉬운 것이 아니니까
아무 때나 할 수 있는 것이 아니니까

그러니 지금
네 사랑이 중요하다
절대로 놓치지 말아야 한다

마지막으로 이 청년처럼 사랑으로 고민하고 아파하는 이들에게 꼭 하고 싶은 말이 있다. 이토록 사랑은 깊고 짙게 무거운 흔적으로 새겨져 오는 까닭에 처음 사랑할 때 주의하라고 말하고 싶다. 무엇보다 사랑은 가볍게 하거나 살짝 할 수 있는 것이 아니기 때문이다.

그러므로 사랑은 신중해야 하고 아무에게나 함부로 사랑을 줘서는 안된다. 특히 감정적으로 이것 저것 다 내줘서 몸이 무너지게 해서는 안된다. 마음은 그래도 흔적이 나에게만 있지만 몸의 흔적은 그 흔적 때문에 문제가 될 수 있기 때문이다. 꼭 기억해야 한다. 살짝 사랑하는 것은 불가능하기 때문에.

살짝 사랑은 불가능하다

살짝 사랑이 가능할까
그러니 조심하라는 얘기지

청년들아
너희들 조심해야 한다

함부로 사랑하지 말 것
아무에게나 마음을 주지 말 것
대책없이 행동하지 말 것
몸의 경계선을 지킬 것
그 날까지 기다릴 것

살짝 사랑이란 것은 없다
살짝 비라는 것도 없다

보슬비 아래
가만히 서 있기만 해도
소낙비와 같으니까
곧 다 젖을테니까

그러니까 조심하라는 얘기다

청년들아

이 세상 사는 동안 우리 청년들이 정말 멋있는 사랑을 하는 모습을 보고 싶다. 사랑이 사라지는 세상에서 진정한 사랑을 하는 꿈을 꾼다. 그러므로 사랑할 때는 기다릴 줄도 알아야 하고 자신의 욕망을 좇아 함부로 행동하지 않고 사랑을 가꿔야 한다. 사랑은 매우 감정적이고 육체적으로 흐를 수 있기 때문이다. 그래서 꼭 권하고 싶은 것은 사랑에 빠질수록 가끔 혼자가 되는 시간을 갖는 것이다. 사랑은 길게 가는 여행이기 때문이다. 함부로 허비해서는 안된다.

사랑에 빠질수록

사랑에 빠질수록
혼자가 되라고
어떤 시인이 말했지

기대게 되니까
가야 할 길이
너무 힘들기 때문에

옆에 있는 너에게
슬그머니 기대고 싶으니까
그대로 머물고 싶으니까

사랑에 빠질수록
혼자가 되어야 한다

가야하니까
가야할 길이 있으니까
멈출 수 없으니까

그러나 어느 날 결국 사랑하는 사람을 만나게 되면 그리고 그와 함께 이 세상을 여행하는 아름다운 삶을 약속하고 걸어간다면 그때는 엉거주춤해서는 안된다. 매일 매일 내일이 없는 것처럼 오늘을 진하게 입맞춤하며 사랑해야 한다.

오늘 사랑하라

내일 죽을 것처럼
오늘 사랑하고

내일 없는 것처럼
오늘 사랑하라

메마른 나무처럼
모든 것이 사라지기 전에
오늘 사랑하라
죽도록

진하게 입맞춤하라
오늘 사랑하라

7부

한 청년의 이별 시집

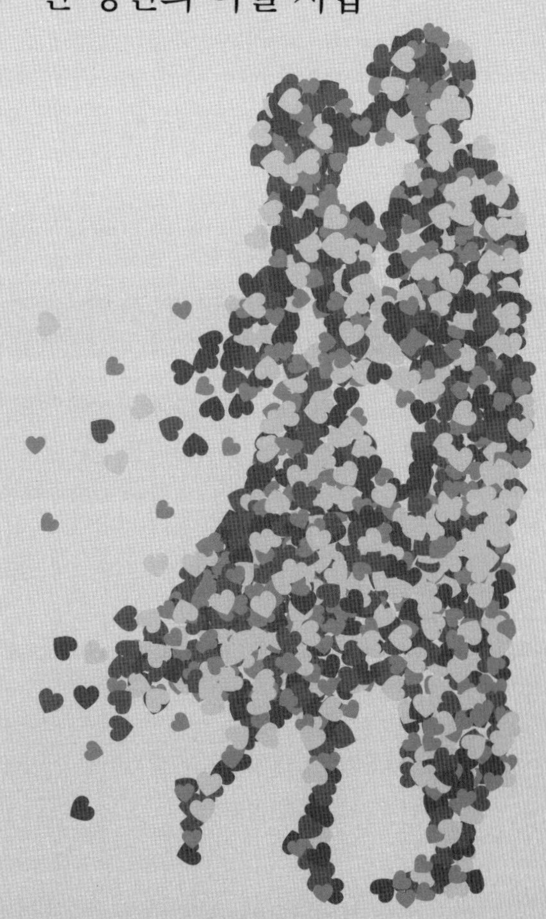

나를 찾아온 그 청년의 고통과 사랑이 버무러진
나머지 시들을 소개한다.

이렇게 살아있으니

네가 이렇게 내 안에
살아있는데

아직도 내 안에서
네가 숨 쉬고 있는데

너를 내보낼 수 없다

그것은 내 숨이 멈추는 일 같은 것
더 이상 나에게 살지 말라고 하는 것

네가 이렇게 내 안에서
시퍼렇게 살아있는 까닭에

아, 난 보내지 않았다
아니, 보낼 수가 없었다

이렇게 살아있으니
내 안에

아프다

아프다
너를 보내고 난 후
더 아프다

병원에 가도 되는 일이라면
벌써 갔을텐데
그 언젠가 의사는 멀뚱멀뚱 쳐다만 봤었다

기다리면 나을까
지독한 독감처럼
실컷 아프고 나면 괜찮아질까

사람을 죽게 하는 감기도 있다는데
죽어야 끝나는 것은 아닐까

아프다
아프다

커피를 마실 수 없다

커피를 마실 수 없다
너와 마시던 순간이
그 냄새가 나서 그렇다

매일 가던
그 카페를 지나쳤다

나를 좇아오는 커피 내음이
나를 붙잡을수록
네가 그리워서

커피를 마실 수 없다

후회

헤어진 후
너무 후회되는 것은
더 사랑하지 못한 것이다

죽을만큼 사랑하지 못한 채
헤어진 것이 아쉽다

'왜 더 사랑하지 못했을까'

이제 다 끝난 후회를
지금에야 하고 있다

왜 그 때는 더 사랑하지 못했는지
왜 죽을만큼 사랑하지 못했는지

그렇게 해줘

누구를 만난다는 소리
이상하게 화가 났다

그렇게 쉽게 만날 수 있을까
그렇게 쉽게 사랑할 수 있을까

당황스러웠다
말로는 '나도 사랑해요'라고
그녀가 말을 하였었다

그랬을거야
사랑했을거야

그런데 지금
누군가를 사랑하게 되었으니까
좋은 거잖아
축복해줘

힘들어도 그렇게 해
네가 사랑했었으니까
지금도 사랑하고 있으니까

그렇게 해줘

그럴 수 밖에 없었니

지우는 수 밖에 없었을까
계속 사랑할 수는 없었을까

바람은 바람대로 좋고
비는 비대로 좋은 것처럼
사랑할 수는 없었을까

그토록 매정하게 잊어버리고
그토록 야속하게 지워버리고
그럴 수 밖에 없었을까

그래야만 그 사람을 사랑할 수 있었을까
그래야만 다시 시작할 수 있었을까

누구나 걸어가는 방법대로
너도 그렇게 갈 수 밖에 없었니
그럴 수 밖에 없었니

그렇게 끝나는 건가

언제나
전화하면 설레이던 목소리
이젠 퉁명스러워졌네

그립다고 말하지 않아도
그리움이 목소리를 흘렀고
사랑한다고 속삭이지 않아도
사랑이 가슴으로 들어왔었지

'왜 전화했어요?'

왜 전화하긴
한번이라도 목소리를 듣고 싶어서
사랑한다는 말을 듣고 싶어서

이별을 하면
사랑도 사라지는 건가

다른 사람을 사랑하면
이전 사랑은 지워지는 건가

그렇게 끝나는 건가

밥을 먹지 못하겠다

밥을 먹지 못하겠다
그냥 눈물만 난다

너와 함께 했던 밥이니까
이건 밥이 아니라 눈물이다

모든 것이 끝났으니까
밥을 먹지 못하겠다

이것을 어찌할까

잊어야지 해도
잊혀지지 않는다

불쑥 튀어나온다

지워야지 해도
지워지지 않는다

뼛속까지 새겨져 있다

걸음마다 네가 있고
호흡마다 네가 있다

이것을 어찌할까

속이 쓰리다

속이 쓰리다
무슨 낮술을 먹은 것도 아닌데
목구멍으로 쓰린 것이 올라 온다

간신히 참았던 것
침대에 누웠는데
쓰리다
잠을 잘 수가 없다

냉수를 한 잔 들이마셔도
쓴 기운은 가시지 않는다

쓴 것은 내 사랑이고
쓴 것은 내 그리움이다

계속 올라 온다
사랑이
그리움이

속이 쓰리다

너무 빠르다

그래도 이건 아니다
이렇게 빨리 떠나다니
이렇게 빨리 변하다니

이건 나에 대한 배려가 아니다

나는 그래도 가만있는데
여기 서 있는데
너는 거기서 너무 빨리
그 곳을 떠나는구나

이건 아니다
너무 빠르다
너무 빠르다

끝을 내리라

이 밤을 새는 것으로
끝을 내리라

시뻘겋게 충혈된 눈으로
나를 바라보며
한없이 우는 것으로
끝을 내리라

이 어리석은 사람아
그리 될 줄 모르고 걸어 갔는가
나를 실컷 욕한 후에
끝을 내리라

아침 햇살이
저 창문으로 들어오면
내 기억을 태워 버리고
끝을 내리라

꿈이었나보다

꿈이었나보다
생각도 못할 사랑
내게는 너무 과분하였던 사랑

그래서 살얼음을 걷듯이
조심했었지

혹시 꿈이 깰까봐
노심초사 했었지

그런데 이젠 알아
너를 보며 알았지

이젠 꿈을 꾸지 않으려고
눈을 뜬 채로 밤을 지나가

아침 햇살을 보며
씩씩하게 인정하려고

너를 꿈에서 놔주려고

나는

잠이 오는 자
잠이 오지 않는 자

세상에는 두 종류의 사람이 있다

나는 잠이 오지 않는 자

너를 위해

너를 위해 밤을 새운다

내가 얼마나 많은 날을
뜬 눈으로 새웠는지
이 밤을 너에게 주고 싶다

너에게 다 주고 나면
나는 사라지겠지

그러면 내 안에 있는
너도 사라질지도 모르겠지만

너를 위해
내가 얼마나 많은 밤을 새웠는지
밤을 새운다

온통 당신 뿐

밤 공기를 맡았더니
정신이 확 들었습니다

정신이 확 들면서
당신이 더 뚜렷해졌습니다

이 작은 동네에도
당신이 가득합니다
세상이 온통 당신 뿐입니다

사랑을 식히려 갔다가
더 뜨거워져 돌아온 이유입니다

이토록 질긴 것

아침이 왔다
밑바닥 구석까지 싹싹 긁었는데도
아직도 있다

이건 방법이 없다
벗겨지지 않는다

피가 흐르는데
살점이 떨어져서
흰 뼈가 보이는데도
아직도 있다

죽어도 사라질까 몰라
그럴 것 같지가 않다

이토록 질긴 것
사랑

그리움으로 남다

꿈이었지
당신을 만난 것

바람이었지
당신과 함께 한 시간들

그리움으로 남았네